Wer nie das Leid erblickt, wird nie die Freude sehen

Khalil Gibran

Wer nie
das Leid erblickt,
wird nie
die Freude sehen

Texte für helle und dunkle Tage

Ausgewählt und übersetzt
von Ursula und Simon Yussuf Assaf

Patmos Verlag

Inhalt

Freud und Leid sind
wie zwei Seiten einer Medaille

Vorwort

Khalil Gibrans kurzes Leben war von Leid geprägt. Als 11-jähriger Junge erlitt er bei einer Bergwanderung einen schweren Unfall. Seine Schulter musste wieder eingerenkt werden; zur Heilung wurde er auf eine Schiene gespannt, an der er 40 Tage lang befestigt bleiben musste.

Ein Jahr später, im Jahre 1895 emigrierte seine Mutter mit ihren Kindern auf der Suche nach besseren Lebensbedingungen nach Amerika. Aus der großartigen Landschaft des Qadischa-Tales (Heiligen Tales) wurde Gibran in das übervölkerte Einwandererviertel Bostons verpflanzt, wo er die ersten Jahre sehr unglücklich war. In seinen Gedanken und Träumen sucht er immer wieder das verlorene Paradies auf, das die Folie all seiner Werke bildet, sowohl der Bilder als auch der Texte.

Das Jahr 1902 wird für den 19-Jährigen zur Hölle: Innerhalb von nur 15 Monaten verliert er seine Lieblingsschwester Sultana, seinen Halbbruder Butros, der für den Lebensunterhalt der Familie gesorgt hatte, und seine über alles geliebte Mutter Kamila. Seine unermessliche Trauer drückt sich in seinen Bildern dieser Periode aus. »Gott ist gestorben, als Sultana starb«, kommentierte er den Tod seiner Schwester. Beim Anblick seiner toten Mutter wird er ohnmächtig.

»Kamila war nicht nur meine Mutter«, klagt er, »sie war auch meine Freundin; mein Leben ist jetzt mit ihr begraben.«
Trotz allem ist Gibran kein Kind der Traurigkeit. Seine Biographen berichten, wie sehr er sich auch über kleine Dinge freuen konnte. Barbara Young erzählt, wie er ein frugales Mahl aus Brot und Oliven wie ein Festmahl zelebrierte. Es machte ihm Freude, wenn ein Landsmann ihm ein orientalisches Gewand oder eine libanesische Spezialität aus der Heimat mitbrachte. Große Freude hatte er an der Musik – vor allem der klassischen Musik, am Tanz, an Bildern und Kunstwerken. Wo immer er war, verbrachte er viele Stunden in den Museen, in New York, Paris und London. Auf Spaziergängen und in seinen Auszeiten, die er in einer Hütte zwischen Bergen und Meer verbrachte, freute er sich an der Natur. Jeder Brief von seiner orientalischen Muse aus Ägypten war Anlass zur Freude ebenso wie die Begegnungen mit Freunden oder mit den Kollegen der von ihm gegründeten Schriftstellervereinigung »Arrabita«, die ihm die Familie ersetzten.
Für Gibran gehören Freud und Leid zusammen wie zwei Seiten einer Medaille, wie Tag und Nacht zusammengehören. Wie das Licht des Tages erst auf dem Hintergrund der finsteren Nacht gebührend geschätzt wird, so macht das Leid erst empfänglich und sensibel

für die Freude. In Gott heben sich alle Gegensätze auf, lehrte schon der Theologe Cusanus im 15. Jh. Und eine alte Überlieferung zitiert dazu das Bild des Speichenrades: die weit auseinanderstehenden äußeren Speichen nähern sich umso mehr an, je weiter sie zum Innern gelangen, wo sie sich berühren.

In seinem Werk *Eine Träne und ein Lächeln* kommt diese Lebenserfahrung besonders zum Ausdruck. In der Einleitung heißt es: »Weder möchte ich die Trauer meines Herzens gegen die Freuden der Menschen eintauschen, noch wäre es mir lieb, dass sich die Tränen meines Kummers in Lachen verwandelten. Vielmehr wünsche ich mir, dass es in meinem Leben stets Tränen und Lächeln gibt.« In einem Gleichnis aus seinem Werk *Der Wanderer* treffen sich die Freude und die Trauer am See und unterhalten sich. Ein Jäger, der vorbeikommt, nimmt die beiden als seine einzige Gestalt wahr. Im gleichen Werk gibt es das Gleichnis von der Auster, die über innere Schmerzen klagt. Eine andere Auster rühmt sich schadenfroh inneren und äußeren Wohlbefindens. Ein Krebs hört die beiden und klärt sie auf, dass der Schmerz der einen Auster daher rührt, dass sich eine kostbare Perle in ihrem Innern bildet. Und in seinem Kultbuch *Der Prophet* schreibt Gibran: »Eure Freude ist euer unmaskiertes Leid. / Derselbe Quell, aus dem euer Lachen quillt, wurde oft mit euren

Tränen gefüllt / Und wie könnte es anders sein? / Je tiefer sich das Leid in euer Sein einkerbt, umso mehr Freude kann es fassen.«

Ursula und Simon Yussuf Assaf

*»Wie edel ist das traurige Herz,
das ein fröhliches Lied
mit fröhlichem Herzen singen
möchte«*

Von Tränen und Lächeln

Weder möchte ich die Trauer meines Herzens gegen die Freuden der Menschen eintauschen, noch wäre es mir lieb, dass sich die Tränen meines Kummers in Lachen verwandelten.

Vielmehr wünsche ich mir, dass es in meinem Leben stets Tränen und Lächeln gibt: Tränen, die mein Herz läutern und mir helfen, die Geheimnisse und Ungereimtheiten des Lebens besser zu verstehen, und Lächeln, das mich mit anderen Menschen verbindet und Gott verherrlicht. Durch Tränen teile ich den Schmerz aller gebrochenen Herzen, und durch Lächeln bejahe ich das Leben.

Lieber stürbe ich vor Verlangen, als im Überfluss zu leben. Ich wünsche mir, dass meine Seele immerfort nach Liebe und Schönheit hungert, denn ich sah, dass die Satten die unglücklichsten Menschen sind, und die Seufzer der Sehnsucht erschienen mir wohlklingender als Glockengeläut.

Wenn der Abend kommt, schließt die Blume ihre Blütenblätter über ihrer Sehnsucht und schläft ein. Sobald der Morgen naht, öffnet sie ihre Lippen dem Kuss der Sonne. Das Leben der Blume ist Sehnsucht und Erfüllung, eine Träne und ein Lächeln.

Das Wasser des Meeres verdunstet, steigt auf und ver-

dichtet sich zu Wolken, die über Hügel und Täler dahinziehen. Begegnen sie dem Wind, sinken sie weinend auf die Felder hinab, vereinigen sich mit den Flüssen und kehren ins Meer zurück – zu ihrem Ausgangspunkt. Auch das Leben der Wolken ist Trennung und Begegnung, eine Träne und ein Lächeln.
Ebenso ist es mit der Seele. Sie trennt sich vom unendlichen Geist und begibt sich in die Materie. Dort schwebt sie wie eine Wolke über den Bergen der Traurigkeit und den Tälern der Freuden, bis sie dem Hauch des Todes begegnet. Dann kehrt sie zurück, woher sie kam, zum Meer der Liebe und der Schönheit, zu Gott …

Einleitung zu »Eine Träne und ein Lächeln«

Eine einzige Träne, die auf dem gefurchten Gesicht eines alten Mannes glänzt, beeindruckt uns stärker als solche, die ein junger Mensch vergießt, denn die Tränen der Jugend sind zahllos, und sie bedeuten das Überborden sensibler Seelen, die Tränen der Greise hingegen sind ein Rest des Lebens in ihren kraftlosen Körpern, der aus ihren Augen tropft. Die Tränen der Jugend sind wie Tautropfen auf den Blütenblättern der Rose, während die Tränen auf einem Greisengesicht gelben Herbstblättern gleichen, die der Wind zerstreut und davonträgt, wenn der Winter des Lebens naht.

Gebrochene Flügel 217f.

Du kannst nicht zur gleichen Zeit lachen und unfreundlich sein.

Sand und Schaum 964.

Der Sephir birgt jedes Lächeln und jeden Seufzer unseres Herzens und jeden Kuss, den die Liebe gebiert. Die Engel Gottes zählen jede Träne, die wir aus Trauer vergießen. Sie wiederholen in Hörweite der schwebenden Geister des unendlichen Kosmos jedes Lied, das die Freude uns entlockte.

Eine Träne und ein Lächeln 315f.

Ich bin ein Seufzer des Meeres,
eine Träne des Himmels,
ein Lächeln des Feldes
ebenso wie die Liebe,
die ein Seufzer aus dem Meer der Gefühle ist,
eine Träne vom Himmel der Gedanken
und ein Lächeln vom Feld der Seele.

Eine Träne und ein Lächeln 439.

Ich bin das Haus des Glückes,
die Quelle der Freude
und der Anfang der Ruhe.
Ich bin ein Lächeln
auf den Lippen eines jungen Mädchens;
ein Jüngling sieht es,
er vergisst seine Sorgen,
und sein Leben wird eine Bühne
süßer Träume.

Eine Träne und ein Lächeln 440.

O Seele, wenn ich mich nicht in meinen Tränen badete
und meine Wimpern nicht mit Kohel* schminkte,
lebte ich wie ein Blinder, der nichts
als das Gesicht der Finsternis erblickt.

Erde und Seele 857.

Wie edel ist das traurige Herz, das ein fröhliches Lied mit fröhlichem Herzen singen möchte.

Sand und Schaum 945.

* Augenschminke

Du magst denjenigen vergessen, mit dem du gelacht, aber nie denjenigen, mit dem du geweint hast.

Sand und Schaum 973.

Unsere geheimsten Tränen suchen nie unsere Augen.

Sand und Schaum 975.

Das Leben singt in unserem Schweigen, und es träumt in unserem Schlaf. Selbst wenn wir betrübt und niedergeschlagen sind, triumphiert das Leben in uns. Und wenn wir weinen, dann lächelt es in den Tag, und es bleibt frei, selbst wenn wir gefesselt sind. Oft nennen wir das Leben trist, doch nur, wenn wir selber traurig und bitter sind; und oft halten wir es für nutzlos und leer, doch nur, wenn unsere Seelen sich an trostlosen Plätzen aufhalten und wenn das Herz trunken ist von Selbstüberschätzung.

Die Rückkehr des Propheten 1236.

Eines Abends trafen sich eine Hyäne und ein Krokodil am Nilufer. Sie begrüßten sich, und die Hyäne sprach: »Wie geht es Ihnen, mein Herr?«

Das Krokodil erwiderte: »Mir geht es schlecht! Manchmal weine ich vor lauter Schmerz und Sorgen, und dann behaupten alle: ›Es sind nur Krokodilstränen!‹ Und das kränkt mich unsäglich.«

Die Hyäne entgegnete darauf: »Du sprichst von deinem Schmerz und deinen Sorgen. Aber denk auch einmal an mich! Ich sehe die Schönheit der Welt und ihre Wunder, und vor lauter Freude lache ich. Dann sagen die Bewohner des Dschungels: ›Es ist nur das Gelächter einer Hyäne!‹«

Der Wanderer 1192.

»Nur auf dem Pfad
der Nacht erreicht man die
Morgenröte«

Von Freud und Leid

Eine Frau bat: Sprich zu uns über die Freude und über das Leid!
Und er sagte: Eure Freude ist euer unmaskiertes Leid.
Derselbe Quell, aus dem euer Lachen quillt, wurde oft mit euren Tränen gefüllt.
Und wie könnte es anders sein?
Je tiefer sich das Leid in euer Sein einkerbt, umso mehr Freude kann es fassen. Ist nicht der Becher, der euren Wein enthält, das gleiche Gefäß, das zuvor im Ofen des Töpfers gebrannt wurde?
Und ist nicht die Laute, die euren Geist besänftigt, aus demselben Holz, das mit Messern ausgehöhlt wurde?
Wenn ihr froh seid, schaut tief in eure Herzen, und ihr werdet entdecken, dass der Grund eures vergangenen Leids nun der Grund eurer Freude ist.
Und wenn ihr traurig seid, schaut wieder in euer Herz, und ihr werdet sehen, dass ihr in Wahrheit darüber weint, was zuvor eure Freude ausmachte.
Einige von euch sagen: Freude ist größer als Leid; andere widersprechen: Nein, Leid ist größer als Freude.
Ich aber sage euch: Beide sind unzertrennlich.
Sie treten zusammen auf, und wenn einer alleine mit euch zu Tisch sitzt, so wisset, dass der andere bereits auf eurem Lager ruht.

Wahrlich, wie zwei Waagschalen seid ihr aufgehängt zwischen eurem Leid und eurer Freude, und nur wenn ihr leer seid, seid ihr im Stillstand und Gleichgewicht. Wenn der Besitzer des Schatzes euch aufhebt, um sein Gold und Silber zu wiegen, so muss eure Freude oder euer Leid steigen oder sinken.

Der Prophet 897.

An einem Tag im Mai trafen sich Freud und Leid an einem See. Sie setzten sich ans Ufer und unterhielten sich.
Die Freude sprach von der Schönheit auf Erden, von den täglichen Wundern des Lebens in Wald und Gebirge und von den Liedern, die morgens und abends erklingen. Das Leid erklärte sich mit allem einverstanden, was die Freude sagte, denn es kannte den Zauber dieser Stunde. Und so sprach es beredt vom Mai in den Feldern und im Gebirge.
Freud und Leid sprachen lange und ausgiebig miteinander und sie stimmten in allem überein.
Da kamen auf der anderen Uferseite zwei Jäger vorüber. Einer von ihnen fragte: »Wer sind diese zwei Personen am anderen Ufer?«
»Sagtest du zwei?«, erwiderte der andere. »Ich sehe nur eine Person.«
»Nein, es sind zwei«, beharrte der erste auf seiner Feststellung.

»Ich kann nur eine Person sehen«, sprach der andere, »und es gibt nur ein Spiegelbild im Wasser.«
»Nein, es sind zwei Personen und auch zwei Spiegelbilder im Wasser«, widersprach der erste.
»Ich sehe nur eine Gestalt!«
»Und ich sehe ganz deutlich zwei Personen!«
Und bis zum heutigen Tag behauptet ein Jäger, sein Kollege sehe doppelt, während der andere versichert, dass sein Freund halb blind sei.

Der Wanderer 1228f.

Und als meine Freude zur Welt kam, hielt ich sie in meinen Armen, stieg auf das Hausdach und rief: »Kommt, Nachbarn, kommt und seht, die Freude wurde mir heute geboren. Kommt und seht das frohe Ding, wie es in der Sonne lacht!«
Aber keiner der Nachbarn kam, um meine Freude anzusehen. Das überraschte mich sehr. Sieben Monate lang rief ich jeden Tag meine Freude auf dem Hausdach aus – aber niemand beachtete mich. So blieben meine Freude und ich allein, ungesucht und unbesucht. Weil sie kein anderes Herz entflammen konnte, und weil nur meine Lippen die ihren küssten, wurde meine Freude blass und krank.
Und dann starb meine Freude an der Einsamkeit. Jetzt erinnere ich mich meiner toten Freude nur, wenn ich mich meiner toten Sorge erinnere. Aber Erinnerung ist

wie ein Blatt im Herbst, das eine Weile im Wind raschelt und dann nicht mehr zu hören ist.

Der Narr 527.

Letzte Nacht fand ich eine neue Freude. Als ich sie zum ersten Mal auskostete, kamen ein Engel und ein Teufel zu meinem Haus gestürmt. Sie trafen an meiner Tür zusammen und stritten um meine neue Freude. Der eine rief: »Es ist eine Sünde!«, der andere: »Es ist eine Tugend!«

Der Narr 511.

Weder deine Freude noch dein Kummer vergrößern sich, ohne dass die Welt in deinen Augen kleiner wird.

Erde und Seele 755.

Einst sagte ich zu einer Vogelscheuche: »Du stehst immer hier auf dem Feld. Du musst es müde sein.«
Sie antwortete mir: »Verscheuchen bringt tiefe und dauernde Freude, und ich ermüde nie.«
Darauf sagte ich, nachdem ich's kurz bedacht: »So ist es, einst kannte ich diese Freude auch.«
Sie erwiderte: »Nur wer mit Stroh gefüllt ist, kann sie kennen.«
Da verließ ich sie. Ich wusste nicht, ob sie mir geschmeichelt oder mich verspottet hatte.
Ein Jahr verging. Währenddessen wurde die Vogelscheuche weise.
Als ich wieder dort vorüber kam, nisteten Krähen unter ihrem Hut.

Der Narr 504.

Ihr sagtet euch: Wenn dieser Mann uns nicht in den Tempel seiner Leiden eintreten lässt, wie können wir dann das Haus seiner Freundschaft betreten? Und ihr habt Recht, meine Freunde, wer uns nicht an seinem Leiden teilnehmen lässt, wird auch nichts anderes mit uns teilen. So hört also meine Geschichte. Hört zu, ohne mich zu bemitleiden, denn das Mitleid gilt den Schwachen, und ich bin stark – selbst in meinem Kummer.

Erde und Seele 757.

Eine Frau bat: Sprich uns vom Schmerz!
Und er sagte: Euer Schmerz ist das Zerbrechen der Schale, die euer Verständnis umschließt.
Wie der Obstkern aufbrechen muss, damit sein Herz die Sonne spürt, so müsst auch ihr den Schmerz empfinden.
Könnte euer Herz immer wieder staunen über die täglichen Wunder des Lebens, so schiene euch der Schmerz nicht weniger wunderbar als die Freude.
Ihr würdet die Jahreszeiten eures Herzens annehmen, wie ihr die Jahreszeiten eurer Felder angenommen habt.
Ihr würdet den Winter eures Kummers gelassen überstehen. Viel von eurem Schmerz ist selbst gewählt.
Er ist die bittere Arznei, mit welcher der Arzt in euch euer krankes Ich heilt.
Traut diesem Arzt und nehmt die Arznei, die er euch verordnet, schweigend und unbesorgt ein!
Denn seine Hand – erscheint sie euch auch schwer und hart – wird von der sanften Hand des Unsichtbaren gelenkt.
Und der Becher, den er euch reicht – wenn er auch eure Lippen verbrennt –, wurde aus dem Ton geformt, den der große Töpfer mit Seinen heiligen Tränen benetzte.

Der Prophet 909f.

Beneiden nicht die im Äther wohnenden Geister den Menschen um seinen Schmerz?

Sand und Schaum 940.

Nur auf dem Pfad der Nacht erreicht man die Morgenröte.

Sand und Schaum 940.

Seltsam, das Verlangen nach bestimmten Vergnügen ist ein Teil meiner Schmerzen.

Sand und Schaum 941.

Eine Auster sagte zu ihrer Nachbarin: »Ich empfinde einen großen Schmerz in meinem Innern. Etwas Schweres, Rundes verursacht mir große Pein.«
Die andere Auster erwiderte selbstgefällig: »Dank dem Himmel und der See, dass ich keine Schmerzen habe. Ich fühle mich innen wie außen wohl.«
Ein Krebs, der vorbeikam, hörte die Unterhaltung der beiden Austern. Er wandte sich an diejenige, die keine Schmerzen empfand und sprach: »Dir geht es gut, und du fühlst dich wohl. Aber wisse: der Schmerz, den deine Nachbarin erträgt, rührt von einer Perle her, die außerordentlich schön ist.«

Der Wanderer 1196.

Wer an deinem Vergnügen teilhaben möchte, aber nicht an deinem Schmerz, soll den Schlüssel zu einem der sieben Tore des Paradieses verlieren.

Sand und Schaum 968.

Geh hinaus in die Natur. Dort findest du die Biene eine Blume umkreisen und den Geier, der sich auf seine Beute stürzt. Tritt ein in das Haus deines Nachbarn. Du wirst dort das Kind finden, das über die Feuerflammen staunt, während seine Mutter mit einer Hausarbeit beschäftigt ist. Sei wie die Biene, und verschwende nicht die Zeit des Frühlings damit, den Geier zu beobachten. Sei wie das Kind. Freu dich über die Flammen des Feuers, und lass deine Mutter sich um die Hausarbeit kümmern. Alles, was du mit deinen Augen siehst, ist für dich und wird für dich sein.
Die vielen Bücher, die seltsamen Zeichnungen und die schönen Gedanken sind die Schatten der Geister, die dir vorausgegangen sind. Die Worte, die du webst, sind Brücken zwischen dir und deinen Brüdern. All die betrüblichen und erfreulichen Regungen sind Samen, welche die Vergangenheit ausgestreut hat in das Feld des menschlichen Geistes, um in die Zukunft einzudringen. Diese Jugend, die mit deinen Gefühlen spielt, ist derjenige, der die Tür deines Herzens öffnen will, um das Licht einzulassen. Die Erde, die ihren Mund öffnet, um die Kadaver zu verschlingen, wird deine Seele aus der Sklaverei deines Körpers befreien. Diese Welt, die mit dir unterwegs ist, ist dein Herz, und ein Herz ist alles, was du für diese Welt hältst. Und der Mensch, den du als unwissend und gering bezeichnest, ist aus Gott gekommen, um Freude durch Leid zu erlernen und Wissen durch Finsternis.

Eine Träne und ein Lächeln 340f.

Euer Nachbar ist ein Feld, auf dem sich die Frühlinge eurer Hoffnungen in grünen Gewändern bewegen und wo die Winter eurer Wünsche von schneebedeckten Gipfeln träumen. Euer Nachbar ist ein Spiegel, in dem ihr euer Gesicht sehen könnt, verschönt durch eine Freude, die ihr selbst nicht kanntet, oder eine Sorge, die ihr selbst nicht littet.

Jesus Menschensohn 1093.

Nur großes Leid oder große Freude können deine Wahrheit offenbaren.
Wenn du offenbart würdest, müsstest du entweder nackt in der Sonne tanzen oder dein Leid tragen.

Sand und Schaum 951.

Dann trat ein Einsiedler vor, der einmal im Jahr die Stadt aufsuchte, und bat: Sprich zu uns von der Sinnenfreude! Und er sagte: Sinnenfreude ist ein Lied der Freiheit, aber nicht die Freiheit.

Sie ist die Blüte eurer Wünsche, aber nicht ihre Frucht.

Sie ist Tiefe, die nach Höhe verlangt, doch ist sie weder Tiefe noch Höhe.

Sie ist in einem Käfig gefangen und versucht, sich emporzuschwingen.

Doch sie ist nicht raumumfassend.

Wahrhaftig, die Sinnenfreude ist ein Lied der Freiheit.

Ich hörte es euch gern aus vollem Herzen singen, doch solltet ihr beim Singen nicht euer Herz verlieren.

Einige eurer jungen Leute suchen sie, als wäre sie alles, und sie werden deswegen getadelt und verurteilt.

Ich würde sie weder tadeln noch verurteilen, sondern sie suchen lassen.

Sie werden die Freude finden, aber sie wird nicht allein sein.

Denn sie hat sieben Schwestern, und die Geringste unter ihnen übertrifft die Sinnenfreude an Schönheit.

Habt ihr nicht von dem Mann gehört, der in der Erde nach Wurzeln grub und einen Schatz fand?

Einige Ältere unter euch erinnern sich mit Bedauern ihrer Sinnenfreuden, als seien sie in der Trunkenheit begangene Untaten.

Doch Bedauern ist Trübung des Geistes und keine Züchtigung.

Lieber sollten sie sich dankbar ihrer Freuden erinnern, wie man sich an eine Sommerernte erinnert.

Doch wenn ihr Bedauern sie tröstet, so lasst ihnen diesen Trost!

Andere unter euch sind weder jung genug, um zu suchen, noch alt genug, um sich zu erinnern.

Und in ihrer Furcht vor dem Suchen und Erinnern meiden sie alle Sinnenfreude, um den Geist weder zu missachten noch zu beleidigen.

Und selbst im Verzicht finden sie Freude.

So entdecken auch sie einen Schatz, auch wenn sie nur mit zitternden Händen nach Wurzeln graben.

Doch sagt mir, wer vermag es, den Geist zu beleidigen?

Vergeht sich die Nachtigall an der Stille der Nacht oder der Glühwurm am Licht der Sterne?

Wird eure Flamme oder euer Rauch dem Wind etwas aufbürden?

Haltet ihr den Geist für ein stilles Wasser, das ihr mit eurem Stecken in Bewegung bringen könnt?

Indem ihr euch eine Lust versagt, verlagert ihr das Verlangen oft nur in die dunklen Winkel eures Wesens.

Und wer weiß, ob das, was heute unterlassen wird, nicht auf morgen wartet?

Euer Körper kennt sein Erbe und seine berechtigten Bedürfnisse, und er will nicht darum betrogen werden.

Euer Körper ist die Harfe eurer Seele; an euch liegt es, ihr süße Melodien oder verworrene Töne zu entlocken.

Ihr fragt euch nun in eurem Herzen: Wie sollen wir das Gute in unserer Lust von dem unterscheiden, was nicht gut ist?

Geht hinaus auf eure Felder; ihr werdet sehen, dass es für die Biene eine Lust ist, den Honig der Blumen zu sammeln. Ebenso ist es für die Blume eine Lust, der Biene ihren Honig zu überlassen.
Denn für die Biene ist die Blume ein Quell des Lebens.
Und für die Blume ist die Biene eine Botin der Liebe.
Für beide, für die Biene und die Blume, ist Geben und Empfangen der Sinnenfreuden zugleich Bedürfnis und Ekstase.
Leute von Orphalese, seid in eurer Lust wie Blumen und Bienen!

Der Prophet 918–920.

Wir wählen unsere Freuden und Leiden lange aus, bevor wir sie erproben.

Sand und Schaum 968.

Du, o Seele, freust dich auf das Ende,
bevor es anbricht,
doch dieser Körper leidet am Leben,
während er lebt.

Eine Träne und ein Lächeln 329

Selten sind auf Erden die Menschen,
die mit ihrem Los zufrieden sind.
Sie gießen den Fluss des Lebens
in Trinkgläser der Illusion,
aus denen sie schlürfen
bis zur Trunkenheit.
Die Menschen trinken sich Freude an,
als wären sie zur Lust berufen
und geboren, um sich zu betäuben.
Die einen trinken, um zu beten,
andere, damit ihre Träume gären.
Die Erde ist eine Weinschenke,
ihr Besitzer ist das Schicksal.
Zufrieden sind in der Schenke nur die,
die trunken sind.
Und triffst du dort einen Nüchternen,
so frag dich verwundert:
»Sucht der Mond Schutz unter Regenwolken?«

Der Reigen 460–462.

Gestern war ich allein auf dieser Welt, Geliebte, und die Einsamkeit war grausamer als der Tod. Ich war verlassen wie eine Blume, die im Schatten hoher Felsen aufwächst; weder wusste das Leben etwas von mir, noch wusste ich etwas vom Leben.

Heute erwachte meine Seele, als ich dich neben mir sah. Ich war verwirrt und erfreut. Dann fiel ich vor dir

nieder wie der Hirte, als er den brennenden Dornbusch erblickte.
Gestern war die Berührung des Windes rau, die Strahlen der Sonne waren schwach, und Nebel verhüllte das Gesicht der Erde; das Rauschen der Meereswellen glich grollendem Donner.
Ich blickte in alle Himmelsrichtungen und sah nichts außer meinem leidenden Selbst; da senkten sich die Schatten der Dunkelheit auf mich herab wie hungrige Raben ...
Heute aber ist die Luft leicht und heiter, die Natur ist in Licht gebadet, die Wellen des Meeres haben sich beruhigt, und die dunklen Wolken sind zerstreut. Wo immer ich hinschaue, sehe ich dich und die Geheimnisse des Lebens, die dich umgeben wie die Kreise, die ein Vogel auf der Oberfläche des Wassers verursacht, wenn er darin badet.
Gestern war ich ein stummes Wort im Herzen der Nacht; heute bin ich ein fröhliches Lied auf den Lippen des Tages.

Eine Träne und ein Lächeln 413.

Jesus, den Mann, der Gott als Wesen der Freude verkündete, folterten und töteten sie.

Jesus Menschensohn 1080.

Man sagt zu mir: »Du musst notgedrungen zwischen den Vergnügen dieser Welt und dem Frieden der nächsten Welt wählen.«
Und ich sage zu ihnen: »Ich habe beides gewählt, die Freuden dieser Welt und den Frieden der nächsten. Denn ich weiß in meinem Herzen, dass der größte Poet nur ein Gedicht schrieb, und das klingt perfekt und ist auch perfekt gereimt.«

Sand und Schaum 969.

Wenn du dich daran erfreust, deinen Nächsten zu lieben, hört es auf, eine Tugend zu sein.

Sand und Schaum 971.

Dichtung ist keine Meinung, die man äußert. Es ist ein Gesang, der sich aus einer blutenden Wunde oder einem lächelnden Mund erhebt.
Dichtung ist ein Anteil an Freude und Schmerz und Wunder, mit ein paar Zutaten aus dem Wörterbuch.
Dichtung ist Weisheit, die das Herz entzückt. Weisheit ist Dichtung, die in der Seele singt.
Wenn wir das Herz eines Menschen entzücken und zur gleichen Zeit in seiner Seele singen könnten, dann würden wir wirklich im Schatten Gottes leben.

Sand und Schaum 947.

Was ist das Leben anders als ein Schlaf?
Seine Träume hindern uns daran,
eigene Herzenswünsche zu verwirklichen.
Das Geheimnis der Seele
verbirgt die Trauer;
entfernt sich diese,
wird die Freude es verhüllen.
Das Geheimnis des Lebens
entzieht sich den Blicken
durch den Schleier des Wohlstands;
wird dieser gelüftet,
ersetzt ihn der Schleier des Elends.
Gelingt es dir aber,
dich über Wohlstand und Elend zu erheben,
so berührst du den Schatten dessen,
den das Denken nicht fassen kann.

Der Reigen 460–462.

Erstes Ich: »Ich hauste all die Jahre hier in diesem Narren und hatte nichts zu tun, als bei Tag seinen Schmerz zu schüren und ihm bei Nacht neue Sorgen zu bereiten. Ich kann mein Los nicht länger ertragen, und jetzt lehne ich mich dagegen auf!«
Zweites Ich: »Dein Los ist besser als meines, Bruder, denn meine Aufgabe ist's, das fröhliche Ich dieses Narren zu sein. Ich lache sein Lachen, ich singe seine glücklichen Stunden, und mit dreimal beflügelten Schu-

hen tanze ich seine Heiterkeit. Ich bin's, der sich gegen dieses beschwerliche Los auflehnt!«

Der Narr 507.

Trink deinen Becher allein – auch wenn er den Geschmack deines Blutes und deiner Tränen hat, und preise das Leben für die Gabe des Durstes! Denn ohne Durst ist dein Herz nichts anderes als das Ufer einer unfruchtbaren See – ohne Gezeiten und ohne Gesang.

Trink deinen Becher allein, und trink ihn fröhlich!

Erhebe ihn hoch über deinen Kopf, dann trinke ihn bis zur Neige auf das Wohl all derer, die ebenfalls alleine trinken.

Früher suchte ich die Gesellschaft der Menschen; ich setzte mich an ihre Festtafel und trank mit ihnen. Doch ihr Wein stieg mir weder zu Kopfe, noch drang er in mein Herz, er sickerte nur in meine Füße. Meine Weisheit blieb verdorrt und mein Herz verschlossen. Nur meine Füße waren bei ihnen in ihrem Dunst.

Da hörte ich auf, die Gesellschaft der Menschen zu suchen; und ich trank keinen Wein mehr an ihren Festtafeln.

Darum lass dir sagen: Wenn auch die Schläge der Stunden heftig gegen deine Brust klopfen, was kümmert es dich? Es ist gut für dich, den Becher des Kummers allein zu trinken ebenso wie den Becher der Freude.

Die Rückkehr des Propheten 1248.

Mannus aus Pompeji zu einem Griechen

Die Juden ertragen es ebenso wenig wie die Phönizier und Araber, dass ihre Götter sich einen Augenblick auf den Schwingen des Windes ausruhen. Sie schenken ihnen zu viel Aufmerksamkeit und wachen zu streng darüber, dass Gebet, Gottesdienst und Opfer von allen eingehalten werden.

Während wir Römer unseren Göttern Marmortempel errichten, diskutieren sie über die Natur ihrer Götter. Sind wir in Ekstase, singen wir und umtanzen die Altäre von Jupiter und Juno, von Mars und Venus. Wenn sie dagegen in Verzückung geraten, tragen sie Kleider aus Sackleinen, bedecken ihre Häupter mit Asche und beklagen den Tag, der sie zur Welt brachte.

Jesus, den Mann, der Gott als Wesen der Freude verkündete, folterten und töteten sie.

Diese Menschen werden nicht glücklich mit einem glücklichen Gott. Sie kennen nur die Götter ihrer Leiden.

Selbst die Freunde und Jünger Jesu, die Seine Heiterkeit und Fröhlichkeit kennen gelernt und Sein Lachen gehört hatten, stellen Ihn dar in einem Bild der Trübsal und des Leidens, und sie verehren dieses Bild. In ihrer Verehrung erheben sie sich nicht zu den Sphären ihrer Götter, vielmehr zerren sie die Götter auf ihre Ebene hinunter.

Dennoch bin ich der Meinung, dass dieser Philosoph Jesus, der Sokrates übrigens nicht unähnlich war, Einfluss auf Seine Rasse und andere Rassen ausüben wird. Wir sind nämlich alle Geschöpfe, die zur Traurigkeit und Besorgnis neigen. Wenn jemand sagt: »Lasst uns mit den Göttern fröhlich sein!«, so sollten wir seiner Stimme Gehör schenken. Umso merkwürdiger ist es, dass man die Leiden dieses Mannes ritualisiert und sie zum Objekt der Verehrung macht.

Diese Menschen sahen in Ihm wohl einen zweiten Adonis, den Gott, der im Wald getötet wurde. Wie schade, dass sie nicht mehr Augenmerk auf Sein Lachen richteten!

Doch lasst einen Römer einem Griechen ruhig eingestehen: Hören wir selbst denn das Lachen Sokrates' in den Straßen Athens? Wird es uns jemals gelingen, den Schierlingstrank zu vergessen, auch im Theater des Dionysos?

Pflegen unsere Väter nicht immer noch die Gewohnheit, an einer Straßenecke zusammenzustehen, um sich mit Bekannten über ihre Beschwerden zu unterhalten? Sie verschaffen sich einen Augenblick der Befriedigung, indem sie des traurigen Endes aller großen Persönlichkeiten gedenken.

Jesus Menschensohn 1079f.

»Liebe, die mit Tränen besiegelt wird, bleibt ewig rein und schön«

Von Trauer und Traurigkeit

Du weißt, dass Trauer und Armut das Herz reinigen. Doch unsere begrenzte Vernunft hält dafür, dass nur Wohlstand und Freude das Leben lebenswert machen.

Eine Träne und ein Lächeln 358.

Wo bist du, mein Leben?
Trauer umgibt mich,
und Kummer besiegte mich.
Lächle in die Luft,
und ich werde mich erholen!
Atme in den Wind,
und ich werde leben!
Wo bist du, Geliebte,
wo bist du?
Wie groß ist meine Liebe
und wie klein bin ich!

Eine Träne und ein Lächeln 371.

Traurigkeit ist nur eine Mauer zwischen zwei Gärten.

Sand und Schaum 969.

Lass mich allein, mein Tadler,
hör auf zu predigen,
das Unglück öffnete mir die Augen,
meine Tränen reinigten sie,
und die Trauer lehrte mich
die Sprache der Herzen.

Eine Träne und ein Lächeln 366.

Diese Trauer, die meine Jugend überschattete, war nicht die Folge eines Mangels an Ablenkungen und Vergnügungen, denn die wurden mir reichlich zuteil; auch war sie nicht auf ein Fehlen guter Freunde und Gefährten zurückzuführen, denn die traf ich, wo immer ich mich befand. Vielmehr war diese Trauer die Folge einer natürlichen Beschaffenheit meiner Seele, die mich die Einsamkeit und Abgeschiedenheit den Vergnügen und Ablenkungen vorziehen ließ. Sie nahm mir die Flügel der Jugend von meinen Schultern und ließ mich einem klaren Bergsee gleichen, dessen ruhige Oberfläche die Bilder der ihn umgebenden Gestalten, die Farben der Wolken und die Konturen der Bäume spiegelt, dessen Wasser aber keinen Durchlass finden, um als singender Fluss ins Meer zu gelangen.

Gebrochene Flügel 191.

Und die Seelen, die gemeinsame Leiden geeint haben, vermag nichts mehr zu trennen – weder die Seligkeit der Freude noch ihr Rausch. Die Bande, welche die Traurigkeit zwischen zwei Seelen knüpft, sind stärker als die Bande der Glückseligkeit. Und die Liebe, die mit Tränen besiegelt wird, bleibt ewig rein und schön.

Gebrochene Flügel 205.

Wenn du wüsstest, mein armer Freund, dass dieselbe Armut, die dich zu einem anspruchslosen Leben zwingt, in dir Gerechtigkeitssinn weckt und dich das Leben verstehen lässt, so wärest du mit deinem Schicksal sicher zufrieden. Ich sagte »Gerechtigkeitssinn«, denn den Reichen lenken seine Schätze von der Gerechtigkeit ab, und »Leben«, denn der Mächtige vernachlässigt es in seinem Streben nach Ruhm und Ehre.

Freue dich an der Gerechtigkeit, deren Sprachrohr du bist, und über das Leben, dessen Buch du bist. Sei glücklich, denn du bist die Ursache für die Tugend deiner Helfer. Du bist der starke Arm der Tugend derjenigen, die dir beistehen.

Und wenn du wüsstest, mein trauriger Freund, dass das

Leid, das dich heimgesucht hat, ebenjene Kraft ist, die das Herz erleuchtet und die Seele erhebt, so wärest du froh über diese Heimsuchung; du würdest sie als eine Erzieherin betrachten, die dich lehrt, dass das Leben eine Kette ist, deren Glieder miteinander verbunden sind, und dass die Traurigkeit ein goldenes Glied ist, das sich zwischen der Hingabe ans Heute und der Erwartung des Morgen befindet, so wie das Morgenrot zwischen Schlafen und Wachen. Die Armut macht die Würde der Seele sichtbar, mein Freund, und der Reichtum enthüllt ihre Verderbtheit. Die Trauer schärft unser Mitgefühl, und die Freude macht es stumpf; denn der Mensch, der im Wohlstand lebt und in der Freude, setzt alles daran, sie zu mehren. Im Namen des Buches tut er Böses, welches das Buch verbietet, und im Namen der Menschlichkeit handelt er unmenschlich.

Wenn Armut und Trauer aus dem Leben verbannt würden, so würde die Seele zu einer Buchseite, die nichts als Zahlen enthält, die auf Selbstsucht und Raffgier schließen lassen, und Zeichen, die von irdischer Lust berichten.

Ich habe das Göttliche überall gesucht und fand es schließlich im Innern des Menschen. Es lässt sich weder durch Reichtum erwerben noch durch irdische Freuden vermehren. Ich sah die Reichen ihre Göttlichkeit verachten und an ihrem Reichtum hängen, und ich sah die

Jugend das Göttliche bei ihrer Suche nach irdischen Freuden verraten.

Mein armer Freund, die Stunde, die du nach der Heimkehr vom Feld mit deiner Begleiterin und deinen Kindern verbringst, ist ein Symbol der zukünftigen menschlichen Familie und ein Zeichen des Glückes kommender Jahrhunderte. Das Leben aber, das der Reiche inmitten seiner Schätze verbringt, gleicht dem der Würmer im Grabe und ist ein Symbol der Angst.

Deine Tränen, mein trauernder Freund, sind süßer als das Lachen desjenigen, der vergessen will, und dein Seufzen ist wohlklingender als das Geschrei der Ausgelassenen. Die Tränen reinigen das Herz vom Hass und lehren es, den Schmerz aller gebrochenen Herzen zu heilen. Sie sind die Tränen des Nazaräers.

Die Kraft, mein armer Freund, die du ausgesät hast und die der Reiche ausbeutete, wird zu dir zurückkehren, weil den Gesetzen der Natur zufolge alle Dinge zu ihrem Ursprung zurückkehren. Und die Trauer, die du erlitten hast, wird nach dem Gesetz des Himmels in Freude verwandelt werden.

Die kommenden Jahrhunderte werden von den Armen die Gleichheit und von den Trauernden die Liebe lernen.

Eine Träne und ein Lächeln 394f.

Ich betrachtete ihr Gesicht aufmerksam. Ich sah, dass ihre Augenlider, die noch vor wenigen Tagen wie Lippen gelächelt und sich wie die Flügel der Nachtigallen bewegt hatten, jetzt starr und eingefallen und vom Schatten des Kummers verhüllt waren; ich betrachtete ihre Haut, die sich gestern noch wie die weißen Blütenblätter einer Lilie ausnahm, welche die Sonne küsst; heute war sie gelblich und matt und bedeckt mit einem Schleier der Verzweiflung. Ich sah ihre Lippen, die gestern noch Blumenkelchen geglichen hatten, aus denen Süßigkeit strömte und die heute vertrocknet schienen wie welke Rosen, die der Herbst am Ende des Zweiges übrig gelassen hat. Und ich betrachte ihren Hals, der gestern noch wie eine Säule aus Elfenbein aufgerichtet gewesen war und der sich nun beugte unter der Last all dessen, was ihr durch den Kopf ging.

Ich sah all diese schmerzlichen Veränderungen in Salmas Gesicht, aber sie waren für mich nichts anderes als eine leichte Wolke, die am Mond vorbeizieht und die Schönheit und Würde seines Aussehens nur vermehrt. Gesichtszüge, welche die Geheimnisse unserer Seele enthüllen, verleihen einem Gesicht Schönheit und Anmut, selbst wenn diese seelischen Geheimnisse schmerzlich und leidvoll sind. Gesichter hingegen, die – Masken gleich – verschweigen, was in ihrem Innern vorgeht, entbehren jeglicher Schönheit, selbst wenn ihre äußeren Formen vollkommen symmetrisch und harmonisch sind. Ebenso wie Gläser unsere Lippen nur anziehen, wenn durch das kostbare Kristall die Farbe des Weins hindurchschimmert. Salma Karame war an diesem Abend wie ein Glas, gefüllt mit himmlischem Wein, in dem sich Tropfen der Bitterkeit des Lebens mit der Süße der Seele mischten.

Gebrochene Flügel 224.

Sein Kopf war stets erhoben, und die Flamme Gottes leuchtete in seinen Augen.
Oft war Er traurig, aber Seine Trauer war Zärtlichkeit gegenüber den Leidenden und Zuwendung gegenüber den Einsamen.
Wenn Er lächelte, glich Sein Lächeln dem Hunger derer, die sich nach dem Unbekannten sehnen. Es war wie Staub von Sternen, der auf die Augenlider von Kindern fällt. Und es war wie ein Stück Brot im Mund.
Er war traurig, aber es war eine Trauer, die als ein sanftes Lächeln auf Seinen Lippen erschien.
Es war wie ein goldener Schleier, der über dem Wald liegt, wenn der Herbst Einkehr hält. Und manchmal glich es dem Mondlicht über den Ufern des Sees.
Er lächelte, als ob Seine Lippen ein Lied zum Hochzeitsfest anstimmen wollten.
Dennoch war Er traurig. Es war die Trauer eines Beflügelten, der sich nicht höher als Seine Begleiter emporschwingen möchte.

Jesus Menschensohn 1041.

Ein Tag, den die Seele damit verbringt, den Tod der Rechte des Armen zu beklagen und den Verlust der Gerechtigkeit zu beweinen, ist besser und wertvoller als ein Leben, das ein Mensch damit zubringt, seine Begierden und Wünsche zu befriedigen.
Denn jener Tag reinigt das Herz mit seinem Feuer und erhellt es mit seinem Licht, jenes Leben aber bedeckt es mit seinen dunklen Flügeln und begräbt es unter Erdschichten.

Eine Träne und ein Lächeln 392.

Wir sind die Kinder der Trauer, und ihr seid die Kinder der Fröhlichkeit.
Wir sind die Kinder der Trauer, und die Trauer ist der Schatten Gottes, der sich in der Nähe bösartiger Herzen nicht niederlässt. Wir sind traurig, und unsere Trauer ist so groß, dass kleinmütige Herzen sie nicht fassen. Wir weinen und klagen, während ihr lacht; unsere Tränen waschen uns rein bis zum Ende der Zeiten.
Ihr kennt uns nicht, aber wir kennen euch. Ihr lauft geschwind mit dem Strom des Lebens und blickt euch nicht nach uns um; wir sitzen am Ufer, hören euch und schauen euch zu. Ihr vernehmt unsere Klagen nicht, denn der Lärm verstopft eure Ohren; wir aber hören eure Lieder, weil das Flüstern der Nächte unser Gehör

geschärft hat. Wir sehen euch, ihr steht im Licht; ihr könnt uns nicht sehen, weil wir im Dunkel sitzen.
Wir, die Kinder der Trauer, sind Propheten, Dichter und Musiker. Wir weben mit den Fasern unserer Herzen das Gewand der Götter, und mit den Samenkörnern unserer Herzen füllen wir die Hände der Engel.
Ihr seid die Kinder der Sorglosigkeit und des Frohsinns, ihr wacht an den Plätzen der Geselligkeit. Ihr legt eure Herzen in die Hände der Unbekümmertheit, denn deren Fingerdruck ist sanft; ihr lasst euch nieder im Haus der Unwissenheit, denn es enthält keinen Spiegel, in dem ihr eure Gesichter sehen könnt.
Wir seufzen, und mit unseren Seufzern vermischt sich das Flüstern der Blumen, das Rascheln der Zweige und das Rauschen der Flüsse. Ihr lacht, und euer Gelächter vereint sich mit dem Zermalmen von Knochen, dem Rasseln von Ketten und dem Geheul des Abgrunds.
Wir weinen, und unsere Tränen fallen ins Herz des Lebens, wie Tau aus den Lidern der Nacht ins Herz des Morgens tropft. Ihr lächelt, und aus den Winkeln eures lächelnden Mundes ergießt sich Spott wie Schlangengift in eine offene Wunde. Wir weinen, denn wir sehen das Elend der Witwe und die Not des Waisen. Ihr lacht, denn ihr seht das Leuchten des Goldes. Wir weinen, denn wir hören das Stöhnen des Armen und den Schrei

des Unterdrückten. Ihr lacht, denn ihr hört das Anstoßen mit gefüllten Pokalen. Wir weinen, denn unsere Seelen sind von Gott getrennt durch unseren Körper. Ihr lacht, denn eure Körper schmiegen sich fest an die Erde.

Wir sind die Kinder der Trauer, und ihr seid die Kinder der Fröhlichkeit. Lasst uns die Ergebnisse unserer Trauer und die Werke eurer Fröhlichkeit im Angesicht der Sonne vergleichen:

Ihr bautet die Pyramiden auf den Knochen der Sklaven, doch sie stehen auf Sand und erzählen den Jahrhunderten von eurer Vergänglichkeit und unserer Unsterblichkeit.Wir zerstörten die Bastille mit unseren nackten Armen, und die Nationen sprechen von der »Bastille«, indem sie uns segnen und euch verfluchen.

Ihr habt die Gärten von Babel über den Tempeln der Schwachen errichtet und die Schlösser von Ninive auf den Gräbern der Armen. Und siehe, Babel und Ninive wurden ausgelöscht wie die Fußspuren der Kamele im Sand der Wüste. Wir meißelten das Bild Astartes in Marmor, und zwar so, dass der Marmor zu beben scheint, obgleich er regungslos ist, und dass er zu sprechen scheint, obgleich er stumm ist. Wir spielten Nahawand auf den Saiten der Harfe, und die Geister der Liebenden, die im Raum schweben, fühlten sich angezogen durch diese Melodien; wir malten die Gottes-

mutter so, dass die Linien zu göttlichen Gedanken wurden und die Farben zu himmlischen Gefühlen.
Ihr sucht die Plätze der Unterhaltung und Zerstreuung auf, und auf diesen Plätzen wurden Tausende Märtyrer von Tieren zerrissen in den Amphitheatern von Rom und Antiochien. Wir ziehen uns in die Stille zurück, und die Finger der Stille schufen Werke wie die Ilias, das Buch Hiob und die große Tayyat*.
Ihr bettet euch neben die Leidenschaft, und die Stürme der Leidenschaft haben Tausende Frauenseelen an den Abgrund der Schande getrieben. Wir umarmen die Einsamkeit, und im Schatten der Einsamkeit entstanden Werke wie die Mu'allaqat**, die Tragödie von Hamlet und Dantes Göttliche Komödie.
Ihr wacht mit dem Ehrgeiz, und die Schwerter des Ehrgeizes ließen Tausende Flüsse von Blut fließen. Wir halten Nachtwache mit der Phantasie, und die Hände der Phantasie holen himmlisches Wissen aus dem göttlichen Lichtkreis.

Wir sind die Kinder der Trauer, und ihr seid die Kinder der Fröhlichkeit. Zwischen unserer Trauer und eurer Fröhlichkeit gibt es nur schmale, unzugängliche Pfade,

---

* Arabische Dichtung, bei der jede Zeile auf ein »T« endet
** Vorislamische arabische Dichtung

die eure wohlgenährten Pferde nicht begehen und eure schönen Karossen nicht befahren können. Wir empfinden Mitleid mit eurer Anspruchslosigkeit, und ihr verachtet unsere Größe; doch zwischen unserem Mitleid und eurer Verachtung bleibt die Zeit verwirrt stehen.

Wir kommen euch als Freunde entgegen, aber ihr überfallt uns wie Feinde; zwischen der Freundschaft und der Feindschaft liegt ein tiefer Graben, angefüllt mit Tränen und Blut.

Wir bauen euch Schlösser, und ihr grabt uns Gräber; zwischen der Schönheit der Schlösser und der Dunkelheit des Grabes bewegt sich die Menschheit mit schweren Schritten. Wir streuen Rosen auf euren Weg, und ihr bedeckt unser Lager mit Dornen; zwischen den Blütenblättern der Rosen und ihren Dornen liegt die Wahrheit in tiefem Schlaf.

Von Anbeginn an bekämpft ihr unsere sanfte Macht mit eurer ungehobelten Kraft. Ihr gewinnt den Kampf für eine Stunde und macht einen Lärm wie die Frösche in der Freude über euren Sieg. Wir aber besiegen euch für ein Jahrhundert und verharren schweigend.

Ihr habt den Nazaräer gekreuzigt, dann habt ihr euch um ihn herum aufgestellt und ihn verspottet und geschmäht. Er aber stieg von seinem Kreuz und ging uns als Held voran; er besiegte Generationen durch den

Geist und die Wahrheit und erfüllte die Erde mit seinem Ruhm und seiner Schönheit.

Ihr habt Sokrates vergiftet, Paulus gesteinigt, Galilei getötet, All Ibn Taleb ermordet und Midhat Bacha erwürgt; sie aber wurden unsterblich und leben weiter im Antlitz der Ewigkeit. Ihr aber lebt als Kadaver auf dieser Erde, die niemanden finden, der sie in die Finsternis des Vergessens begräbt.

Wir sind die Kinder der Trauer, und die Trauer ist eine Wolke, aus der das Gute und die Erkenntnis auf die Welt hinabregnet. Ihr seid die Kinder der Fröhlichkeit; wie groß eure Fröhlichkeit auch sein mag, sie gleicht Rauchsäulen, welche die Stürme zerstören und die Elemente zerstreuen.

Die Stürme 573–576.

»Wenn entweder deine Freude oder deine Sorge groß wird, wird die Welt klein.«

Von Kummer und Sorge

Als meine Sorge zur Welt kam, hegte und pflegte ich sie mit zärtlicher Liebe.

Wie alles Lebende wuchs sie, wurde stark und schön und war voll wunderbarer Freuden.

Wir liebten einander, meine Sorge und ich, und liebten die Welt rings um uns. Denn meine Sorge war freundlich, und ich war freundlich zu ihr.

Wenn wir miteinander sprachen, meine Sorge und ich, vergingen die Tage im Flug, und wundervolle Träume schmückten unsere Nächte. Denn meine Sorge hatte eine beredte Zunge, und ich redete viel mit ihr.

Wenn wir miteinander sangen, meine Sorge und ich, saßen die Nachbarn an den Fenstern, denn unsere Lieder waren tief wie das Meer, und unsere Melodien riefen ferne Erinnerungen zurück.

Wenn wir miteinander auf der Straße gingen, meine Sorge und ich, blickten die Leute uns wohlwollend nach und flüsterten die schönsten Sachen. Wir hatten aber auch Neider, denn meine Sorge war ein nobles Ding, und ich war stolz auf sie.

Aber wie alles Lebende starb meine Sorge, und nun bin ich mit meinen Gedanken allein.

Jetzt tönen meine Worte plump in meinen Ohren. Keine Nachbarn kommen, um meine Lieder zu hören.

Niemand blickt mir nach, wenn ich über die Straße gehe.
Nur im Schlaf höre ich mitleidige Stimmen sagen: »Seht, hier liegt der Mann, dessen Sorge gestorben ist.«

Der Narr 526.

Mein Kummer ist Hochzeit, meine Entfremdung Begegnung; mein Inneres enthüllt sich, mein Äußeres verhüllt sich.

Erde und Seele 853.

Wie viele Male saß ich einsam, mein Herz war durchbohrt vom Schwert der Sorgen und der Kümmernisse des Lebens, und um meinen Hals hing eine Kette aus Schwierigkeiten und Existenzproblemen. Dann sah ich sie plötzlich vor mir stehen und mich mit strahlenden Augen ansehen, und meine Wolken lösten sich allmählich auf, mein Herz erwärmte sich, und das Leben erschien mir aufs Neue – vor meinem inneren und äußeren Auge – als ein Paradies der Freude und des Glückes.

Erde und Seele 759.

Wie oft beklagte ich meine Sorgen, während mein Herz sich ihrer rühmte, und wie oft weinte ich, während mein Mund lachte.

Erde und Seele 853.

Wenn entweder deine Freude oder deine Sorge groß wird, wird die Welt klein.

Sand und Schaum 969.

Die bitterste Sache an unseren heutigen Sorgen ist die Erinnerung an unsere gestrigen Freuden.

Sand und Schaum 969.

Im Herbst sammelte ich alle meine Sorgen und vergrub sie in meinem Garten.
Und als der April wiederkehrte und der Frühling kam, die Erde zu heiraten, da wuchsen in meinem Garten schöne Blumen, nicht zu vergleichen mit allen anderen Blumen.
Und meine Nachbarn kamen, um sie anzuschauen, und sie sagten zu mir: »Willst du uns, wenn der Herbst wiederkommt, zur Saatzeit, nicht auch Samen dieser Blumen geben, damit wir sie in unseren Gärten haben?«

Sand und Schaum 974.

Sag den Menschen, dass ich ihnen einen Kelch der Freude angeboten habe, doch sie gossen ihn in ihrer Unwissenheit aus. Dann kam der Engel der Finsternis und füllte ihn mit Kummer. Sie tranken ihn unvermischt und waren betrunken.
Sag ihnen, dass niemand die Gitarre des Lebens spielen kann, als derjenige, dessen Fingerspitzen meinen Gürtel berührten und dessen Augen meinen Thron sahen.

Eine Träne und ein Lächeln 363.

Lieber wollen sie Kummer ertragen, ihren Kummer,
als in deiner Freude Erquickung zu finden.
Ihre schwermütigen Herzen suchen Trost
weder in deinen Worten
noch in der Melodie deiner Worte.
Ihr stummer, gestaltloser Schmerz
macht einsame Kreaturen aus ihnen.
Obgleich sie umgeben sind
von Verwandten und Bekannten,
leben sie ohne Freunde, verzehrt von der Angst,
und sie beklagen sich, alleine zu sein.
Sie wenden sich nach Osten,
wenn der Westwind weht.
Sie nennen dich König, in der Hoffnung,
deinem Hofstaat anzugehören.
Sie nennen dich den Messias
und würden am liebsten selber
mit dem heiligen Öl gesalbt.
Ja, sie möchten auf deine Kosten leben.
Meister, Meister aller Sänger,
deine Tränen waren wie Maischauer
und dein Lachen wie die gischtweißen Wellen
des Meeres,
deine Worte waren das ferne Flüstern
vom Feuer entfachter Lippen.
Du lachtest für ihren innersten Nerv,

der noch nicht zum Lachen bereit war,
du weintest für ihre Augen,
die noch trocken waren.
Deine Stimme zeugte ihre Gedanken und Erkenntnisse,
deine Stimme brachte ihre Worte
und ihren Atem zur Welt.

Jesus Menschensohn S. 1135.

Im Wald gibt es weder Trauer noch Sorge:
Wenn sich eine Brise erhebt,
folgt ihr nicht der heiße Sandsturm.
Die Trauer der Seele ist ein Schatten
und dauert nicht an.
Die Wolken am Himmel der Seele
erscheinen zwischen den Sternen.
Gib mir die Flöte und singe,
der Gesang vertreibt Kummer und Leid;
und die Seufzer der Seele überdauern
das Ende der Zeit.

Der Reigen 460–462.

Gestern hütete ich meine Schafe auf den grünen Hügeln; ich freute mich meines Lebens und brachte mein Glück auf meiner Flöte zum Ausdruck. Heute bin ich ein Gefangener meiner Begierden. Das Geld führte mich zum Wohlstand, der Wohlstand zur Sorge, die Sorge zur Verzweiflung. Gestern war ich wie ein singender Vogel und wie ein schwebender Schmetterling. Keine Brise berührte die Köpfe der Gräser sanfter als meine Schritte das Feld.
Nun bin ich ein Gefangener der Gepflogenheiten der Gesellschaft. Ich kleide mich und verhalte mich, um den Menschen und ihren Moden zu gefallen. Und ich wünschte geboren zu sein, um mich meines Lebens zu erfreuen. Doch der Reichtum zwingt mich, auf den Pfaden der Sorge zu gehen. Ich bin wie ein Kamel, das schwer beladen ist mit Gold und unter dieser Last zugrunde geht.
Wo sind die weiten Ebenen und die rauschenden Bäche? Wo sind die reine Luft und die Pracht der Natur? Wo ist meine Göttlichkeit? All dies habe ich verloren, und stattdessen bleibt mir nichts als das Gold, dem ich nachlaufe und das sich über mich lustig macht, viele Sklaven und wenig Freude und ein Palast, den ich erbaute, während er mein Glück zerstörte.

Eine Träne und ein Lächeln 323f.

*»Glück ist ein Kind,
das in den Tiefen des Herzens
geboren wird«*

Von Glück und Glückseligkeit

Als mein Herz erschöpft war, nahm es Abschied von mir und machte sich auf zum Haus des Glückes. Nachdem es dieses Heiligtum erreicht hatte, blieb es verwirrt und ratlos stehen, denn es sah dort nicht, was es sich immer vorgestellt hatte.

Es sah weder Macht noch Wohlstand und keinen Herrscher. Es sah nur einen schönen Jüngling, seine Gefährtin, die Tochter der Liebe, und ihr Kind, die Weisheit.

Da wandte sich mein Herz an die Tochter der Liebe und fragte:

»Wo ist die Zufriedenheit, Tochter der Liebe? Ich habe gehört, dass sie dieses Haus mit euch bewohnt.«

Sie antwortete: »Die Zufriedenheit ist fortgegangen, um in den Städten zu predigen, wo Korruption und Begierde herrschen. Und wir brauchen sie hier nicht, denn das Glück sucht nicht Zufriedenheit. Das Glück verlangt nach Vereinigung, während die Zufriedenheit die Ablenkung sucht, die vom Vergessen lebt. Die unsterbliche Seele ist nie zufrieden. Sie strebt nach Vollkommenheit, und die Vollkommenheit gibt es in der Unendlichkeit.«

Dann sagte mein Herz zum Sohn der Schönheit:

»Zeig mir das Geheimnis der Frau, o Schönheit, und erhelle meinen Verstand mit deiner Erkenntnis!«

Er erwiderte: »Die Frau ist wie du, menschliches Herz, und wie du warst, so war sie. Sie ist auch wie ich, und wo ich bin, da ist sie. Sie gleicht der Religion, bevor sie von Unwissenden entstellt wurde. Sie ist wie der Vollmond, wenn die Wolken ihn nicht verhüllen, und wie die Brise, bevor der Hauch der Verdorbenheit sie berührte.«
Dann wandte sich mein Herz an die Weisheit, die Tochter der Liebe und der Schönheit, und bat:
»Gib mir Weisheit, damit ich sie den Menschen bringe!«
Sie antwortete: »Sag ihnen, dass das Glück im Allerheiligsten der Seele beginnt und nicht von außen kommt!«

Eine Träne und ein Lächeln 376f.

Hab Erbarmen, meine Seele!
Du zeigtest mir das Glück
aus weiter Entfernung.
Du und das Glück –
ihr thront auf einem hohen Berg,
ich und das Unglück aber –
weilen in einem tiefen Tal.
Werden Höhe und Tiefe
sich einmal begegnen?

Eine Träne und ein Lächeln 328.

Die Liebe ist Glück, das erbebt.

Erde und Seele 755.

Wie alle Menschen habe ich in meinen 25 Jahren das Glück geliebt. Kaum erwachte ich am Morgen, so suchte ich es, wie es alle tun. Doch ich konnte es auf ihren Wegen nicht finden, ja ich sah nicht einmal seine Fußspuren auf dem Sand vor ihren Häusern, noch hörte ich das Echo seiner Stimme aus ihren Tempeln dringen.
Aber als ich das Glück in der Einsamkeit suchte, flüsterte meine Seele in mein Ohr: »Glück ist ein Kind, das in den Tiefen des Herzens geboren wird, es kommt nicht von außerhalb!«
Und als ich mein Herz öffnete, um das Glück zu finden, sah ich darin seinen Spiegel, sein Lager und seine Gewänder. Das Glück selber konnte ich nicht finden.

Eine Träne und ein Lächeln 409.

Was ist Glück anderes als ein Phantasiegebilde;
sobald es Gestalt annimmt,
werden die Menschen seiner überdrüssig;
es gleicht einem Bach, der ins Tal stürzt;
wenn er es erreicht hat,
fließt er träge und trübe weiter.
Der Mensch empfindet Glück
im Streben nach der verbotenen Frucht;
hat er sie endlich erreicht,
so lässt sein Streben nach.
Triffst du einen Glücklichen,
den das Verbotene nicht reizt,
so nenne seinen Charakter
ehrenwert und beispielhaft.

Im Wald gibt es weder Erwartung
noch Verdruss;
wie sollte er auch einen Teil erstreben,
da er alles besitzt;
und wozu im Wald hoffen,
wenn der Wald selbst die Hoffnung ist.
Unser Leben ist Erwartung,
und dies ist sein tiefer Sinn.
Gib mir die Flöte und singe,
der Gesang ist Feuer und Licht;
und die Seufzer der Flöte sind Sehnsucht,
der keine Verdrossenheit folgt.

Der Reigen 486f.

In der Stadt Schawakis lebte ein Prinz, den jeder liebte, Männer, Frauen und Kinder; sogar die Tiere des Feldes kamen und begrüßten ihn. Nur seine Frau, hieß es, liebte ihn nicht, sondern verachtete ihn sogar.
Eines Tages stattete die Prinzessin einer Nachbarschaft der Prinzessin von Schawakis einen Besuch ab. Als sie zusammensaßen und sich unterhielten, kam die Sprache auch auf ihre Ehemänner.
Die Prinzessin von Schawakis sagte leidenschaftlich: »Ich beneide dich um dein Glück mit deinem Gatten, dem Prinzen, mit dem du schon so viele Jahre glücklich verheiratet bist. Ich hingegen verachte meinen Gemahl, denn er gehört nicht mir alleine. Ich bin wahrlich eine unglückliche Frau!«
Die Besucherin sah sie lange aufmerksam an. Dann sagte sie: »Meine Freundin, in Wahrheit liebst du deinen Garten und empfindest glühende Leidenschaft für ihn, denn das Leben einer Frau gleicht dem Frühling in einem Garten. Mich und meinen Gemahl solltest du dagegen bedauern, denn wir ertragen einander nur noch in stiller Ergebung. Du und die anderen haltet dies zu Unrecht für Glück.

Der Wanderer 1194.

Wenn der Klang einer Saite dein Ohr erreicht, so bewirkt er entweder, dass du Tränen vergießt aus Trauer über das Fernsein des Geliebten und vor Schmerz über Wunden, die das Schicksal dir schlug, oder er malt ein Lächeln auf deine Lippen in der Erinnerung an vergangenes Glück.

Die Musik 12

Der Himmel will nicht, dass der Mensch unglücklich ist, denn er hat in seinem Innersten das Streben nach Glück verankert. Wahrlich, Gottes Ehre gründet sich auf das Glück des Menschen ...

Rebellische Geister 92

Gott hat Samen des Glückes in Eure Herzen gesät. Warum entfernt Ihr die Samenkörner aus Eurem Innern und legt sie auf den Felsen, damit die Adler sie auflesen und die Winde sie zerstreuen?

Rebellische Geister 169

Lied der Glückseligkeit

Der Mensch ist mein Freund,
und ich bin seine Geliebte;
ich sehne mich nach ihm,
und er sehnt sich nach mir.
Aber ach, in unserem Bund
gibt es eine Dritte,
die mich quält
und ihn unglücklich macht.
Es ist eine herrische Mätresse,
Materie genannt;
wo immer wir hingehen
folgt sie uns wie ein Späher
und stört unsere Zweisamkeit.
Ich suche meinen Geliebten in der Natur
unter Bäumen und am Ufer des Sees;
doch ich finde ihn nicht,
denn die Materie hat ihn verführt
und lockte ihn in die Stadt,
wo Gedränge und Korruption herrschen.
Ich suche ihn in den Hallen des Wissens
und in den Tempeln der Weisheit,
aber ich finde ihn nicht,
denn die Materie lockte ihn
in die Festung der Selbstsucht,
wo die Menschen beschäftigt sind
mit nichtigen Dingen.
Auf den Feldern der Zufriedenheit
suche ich ihn,
doch ich finde ihn nicht,

denn meine Widersacherin
hält ihn gefesselt
in den Höhlen der Begierde.
Ich rufe ihn in der Morgendämmerung,
wenn der Orient lächelt,
aber er hört mich nicht,
denn die Freude am Besitz
lenkt ihn ab.
Wenn abends Schweigen herrscht
und die Blumen schlafen,
streichle ich ihn zärtlich,
doch er beachtet mich kaum,
denn sein Geist plant schon
die Unternehmungen von morgen.
Mein Geliebter liebt mich
und sucht mich in seinen Werken,
doch er wird mich nur finden
in den Taten Gottes.
Er sucht unsere Vereinigung
in den Palästen der Ehre,
– errichtet auf den Schädeln
der Schwachen –
zwischen Gold und Silber.
Ich aber begegne ihm nur
im Haus der Einfachheit,
das die Götter erbauten
an den Ufern des Flusses
der Liebe.
Er will mich küssen
im Beisein von Verbrechern

und Unterdrückern;
doch ich werde ihm meine Lippen
nicht überlassen
außer in der Einsamkeit,
zwischen den Blumen
der Unschuld.
Er greift zur List
und benutzt sie als Mittler
zwischen uns,
aber ich brauche keinen Mittler
zwischen ihm und mir,
es sei denn eine gute Tat.
Mein Geliebter lernte
von meiner Gegenspielerin, der Materie,
Geschrei und Tumult.
Ich will ihn lehren,
vor Glück zu weinen
und Tränen des Mitleids zu vergießen
aus den Augen seiner Seele.
Mein Geliebter ist für mich,
und ich bin für ihn.

Eine Träne und ein Lächeln 442–444.

*»Was wirklich schön ist,
gibt uns köstliches Leid und
schmerzliche Freude«*

Aus Khalil Gibrans Liebesbriefen

Ich habe alles, was mich sonst noch in meinem Büro erwartet, stehen- und liegenlassen, um meinen Tag damit zu verbringen, Ihren Worten zu lauschen, die sich zwischen Süße und Tadeln bewegen – ich sage Tadel, denn ich fand in Ihrem zweiten Brief einige Bemerkungen, die – hätte ich es zugelassen – aller Freude einen Wermutstropfen Schmerz hinzugefügt hätten. Doch wie sollte ich es mir erlauben, einer vorüberziehenden Wolke mehr Beachtung zu schenken als dem klaren, bestirnten Himmel? Wie sollte ich meine Blicke von einem blühenden Baum abwenden, um sie auf den Schatten einer seiner Zweige zu richten? Und wie sollte ich nicht den kleinen Schmerz hinnehmen, der von einer duftenden Hand voller Edelsteine ausgeht?

Liebesbriefe an May Ziadeh 27.

Ein solches Gefühl, May, schließt Schmerz und Leid nicht aus; sie vergehen nicht, doch werden sie uns lieb, und zwar so sehr, dass wir – selbst wenn wir es könnten – sie nicht eintauschen würden gegen jedes erdenkliche Vergnügen und jede vorstellbare Ehre.

Liebesbriefe an May Ziadeh 37.

Wir beide – Du und ich – wir können nicht vor dem Angesicht der Sonne stehen und sagen: Wir müssen unserer Seele Qualen ersparen! Wir können sie gut entbehren! Nein, May, wir können nicht auf das verzichten, was die Seele wie ein heiliger Sauerteig durchsetzt. Wir können nicht auf die Karawane verzichten, die mit uns in die Stadt Gottes einzieht. Wir können nicht auf das verzichten, was uns unserem größeren Ich näherbringt und uns zeigt, was es in unseren Seelen an Kräften, Geheimnissen und Wundern gibt. Und wir können in den kleinsten und geringsten Manifestationen des Geistes eine tiefe Beglückung finden, denn in einer einzigen Blume entdecken wir alle Schönheit und Pracht des Frühlings, und in den Augen eines Säuglings an der Mutterbrust entdecken wir alle Hoffnungen und Wünsche der Menschheit. Aber wir sind nicht willens, die Dinge, dic uns am nächsten liegen, zu nutzen, um dadurch zu erreichen, was in der Ferne liegt. Ebenso können und wollen wir nicht vor dem Leben stehen und Bedingungen stellen, indem wir sagen: »Gib uns das, was wir wünschen, oder gib uns nichts!«

Liebesbriefe an May Ziadeh 70f.

Ich sagte Dir einmal, dass sich mein Leben in zwei Teile aufteilen lässt. Das eine Leben verbringe ich mit Arbeit und dem Zusammensein mit Menschen. Das andere ist in Nebel eingehüllt. Doch das war gestern. Heute ist mein Leben eins: Ich arbeite im Nebel, ich begegne Menschen im Nebel, ja, ich schlafe, träume und erwache im Nebel. Es ist ein Rausch umgeben vom Flattern der Flügel. Die Einsamkeit ist in diesem Zustand keine Einsamkeit mehr, und die Sehnsucht nach dem Unbekannten ist süßer als alles, was ich im Leben erfahren habe. Es ist eine göttliche Ekstase, May, die das Entfernte näher rückt, das Verborgene enthüllt und alles in Licht eintaucht. Ich weiß nun, dass das Leben ohne diese Ekstase nicht anderes ist als die Spreu ohne Korn. Ich stelle fest, dass alles, was wir denken, sagen und tun, nichts bedeutet im Vergleich zu einem einzigen Augenblick, den wir in diesem Nebel verbringen.

Liebesbriefe an May Ziadeh 73.

»Mit viel Zuneigung – und noch einmal mit viel Zuneigung« – und dieses Wort »viel« und das Wort »Zuneigung« sie lehrten mich, mit Freude und Sehnsucht zu beten und in mein Schicksal einzuwilligen, ohne mich gedemütigt zu fühlen. Ich habe erfahren, dass der einsame Mann seine Einsamkeit erhellen kann mit dem Licht, das von dem Wort »viel« ausgeht, und dass die Mühen der Arbeit entlohnt werden durch die Süßigkeit des Wortes »Zuneigung«. Ich habe erfahren, dass der einsame Fremde imstande ist, Vater, Bruder, Begleiter und Freund zu sein – und vor allem, dass er ein Kind ist, das sich des Lebens freut. »Mit viel Zuneigung« – diese Worte »viel« und »Zuneigung« – sind wie zwei Flügel, die sich ausbreiten, und wie zwei Hände, die segnen.

Liebesbriefe an May Ziadeh 75.

In zwei oder drei Wochen werde ich aufs Land fahren, wo ich in einem kleinen Haus wohnen werde, das wie ein Traum zwischen meer und Wald liegt. Und wie schön ist dieser Wald! Wie überreich an Vögeln, Blumen und Quellen ist er! Vor einigen Jahren wanderte ich einsam und alleine durch diesen Wald. Und abends ging ich an die See und saß trübsinnig auf dem Felsen, oder ich warf mich in die Wellen, wie jemand, der vor der Welt und ihren Phantomen fliehen wollte. Doch in diesem Sommer werde ich in den Wald gehen und vor der See sitzen, und in meinem Geist wird es etwas geben, was mich meine Einsamkeit vergessen lässt, und in meinem Herzen etwas, das mich von meinem Kummer ablenken wird.

Liebesbriefe an May Ziadeh 80.

Wenn ich unglücklich bin, liebe Mary, lese ich Deine Briefe. Wenn der Nebel das »Ich« einzuhüllen droht, nehme ich zwei oder drei Briefe aus meinem Schatzkästchen und lese sie wieder. Sie bringen mich zu mir selber zurück. Sie helfen mir, alles zu übersehen, was nicht edel und schön ist im Leben. Jeder von uns, liebe Mary, braucht irgendwo einen Ruheplatz. Das Refugium meiner Seele ist ein schöner Hain, in dem mein Wissen von Dir wohnt.

Geliebte Mary 12.

Ich freue mich, dass Du Zarathustra liest. Ich möchte ihn so gern mit Dir auf Englisch lesen. Nietzsche ist für mich ein nüchterner Dionysos – ein Übermensch, der in Wäldern und auf Feldern lebt, ein starkes Wesen, das Musik, Tanz und alle Freuden liebt.

Geliebte Mary 17.

Doch ist es nicht gerade dieses mystische Leid – das Leid des Nichtverstandenwerdens –, das die Kunst und die Künstler hervorbringt? Es ist gewiss edel zu sagen »Kunst um der Kunst willen«, aber ist es nicht noch edler, die Augen der Blinden zu öffnen, so dass sie teilnehmen können an den stillen Freuden unserer Tage und Nächte? Wahre Kunst sollte erfahrbar sein, indem man ihre Schönheit den Menschen offenbart, denn alles, was die Welt unserer Vision erweitert, ist erfahrbar.

Geliebte Mary 30f.

Es gibt zahlreiche schmerzvolle Freuden und viele süße Qualen. Dein Khalil muss in beide tief versinken – sowohl in die Freuden als auch in die Leiden –, damit er fähig wird, ein Bild zu malen oder eine Zeile zu schreiben.

Geliebte Mary 33.

Mary, liebste Mary, wie konntest Du mich – in Allahs Namen – nur fragen, ob es mir mehr Leid als Freude verursacht, Dich zu sehen! Was im Himmel oder auf Erden gibt Dir solche Gedanken ein?
Was ist Leid, und was ist Freude? (Kann man das eine überhaupt vom anderen trennen?) Die Macht, die Dich und mich bewegt, enthält beides: Freude und Leid, und das, was wirklich schön ist, gibt uns köstliches Leid und schmerzliche Freude.
Mary, Du schenkst mir so viel Freude, dass es schmerzlich ist; und Deinetwegen erfahre ich auch viel Leid, und darum liebe ich Dich.

Geliebte Mary 40.

Ein mächtiger Schneesturm tobt draußen. Das Studio ist hübsch warm, und ein heftiger Wunsch zu arbeiten brennt in meiner Seele. Ein Sturm befreit mein Herz immer von allen kleinen Sorgen und Kümmernissen. Ein Sturm weckt Begeisterung in mir. Ich werde aufgewühlt und such Befreiung in der Arbeit. Ich stelle mir oft vor, dass ich auf einem Bergesgipfel lebe im stürmischsten Land der Welt. Gibt es solch einen Platz? Wenn ja, sollte ich eines Tages dorthin ziehen und mein Herz von Bildern und Gedichten abwenden.

Geliebte Mary 67.

Geliebte Mary,
die Segnungen des letzten Sonntags wirken noch nach. Ich habe diese wenigen Stunden viele Male an meinem inneren Auge vorbeiziehen lassen. Alles, was Du mir gesagt hast, habe ich mehrmals wiederholt, und jedesmal fühlte ich wieder die absolute Freude eines absoluten Verständnisses. Immer wenn Du zu mir sprichst, eröffnest Du mir die Wirklichkeit des Lebens sowie alle erfreulichen Dinge, die es enthält. Jedesmal, wenn ich meine Lippen öffne, um mit Dir zu sprechen, wird alles außergewöhnlich klar in mir. Du lässt mich meine Hand immer auf die hellste Stelle meiner Seele legen.

Geliebte Mary 70.

Allein – nur mit einem Notizblock ausgerüstet – spazieren zu gehen, ist die größte Freude, die ich in dieser Stadt finden kann. Ich denke meine Gedanken und spreche mit Dir.

Geliebte Mary 83.

Ich litt schweigend, und das Schweigen vertieft oft das Leid, denn das Schweigen ist tief.

Geliebte Mary 85.

Bibliografie

Khalil Gibran, Geliebte Mary. Briefe von Khalil Gibran an Mary Elizabeth Haskell. Aus dem Englischen übertragen und eingeleitet von Ursula Assaf-Nowak, Zürich-Düsseldorf 2001

Khalil Gibran, Liebesbriefe an May Ziadeh. Hrsg., übersetzt aus dem Arabischen und eingeleitet von Ursula und Simon Yussuf Assaf, Zürich-Düsseldorf 2000

Khalil Gibran, Sämtliche Werke. Hrsg. von Ursula und Simon Yussuf Assaf, Düsseldorf 2003

Khalil Gibran im Patmos Verlag

Der Prophet
Aus dem Englischen übersetzt von Ursula Assaf-Nowak
ISBN 978-3-8436-0237-2

Der Prophet
Buch mit Fotografien und Audio-CD
Übersetzt von Karin Graf. Herausgegeben und gelesen von Gotthard Fermor, Musik von Josef Marschall, Fotografien von Klaus Diederich
ISBN 978-3-8436-1402-3

Der Prophet – Kindern erzählt
Mit Illustrationen von Alessandro Sanna
ISBN 978-3-8436-1403-0

In meiner Seele wohnt ein Lied
Herausgegeben von Ursula Assaf-Nowak
ISBN 978-3-8436-1463-4

Erzähl uns vom Reichtum der Natur
Herausgegeben von Ursula Assaf-Nowak
ISBN 978-3-8436-1353-8

Nur ein Geheimnis des Lebens.
Über den Tod und die Hoffnung darüber hinaus
Herausgegeben von Ursula Assaf-Nowak
ISBN 978-3-8436-0237-2

VERLAGSGRUPPE PATMOS

PATMOS
ESCHBACH
GRÜNEWALD
THORBECKE
SCHWABEN
VER SACRUM

Die Verlagsgruppe
mit Sinn für das Leben

MIX
Papier | Fördert gute Waldnutzung
FSC® C014138

Die Verlagsgruppe Patmos ist sich ihrer Verantwortung gegenüber unserer Umwelt bewusst. Wir folgen dem Prinzip der Nachhaltigkeit und streben den Einklang von wirtschaftlicher Entwicklung, sozialer Sicherheit und Erhaltung unserer natürlichen Lebensgrundlagen an. Näheres zur Nachhaltigkeitsstrategie der Verlagsgruppe Patmos auf unserer Website www.verlagsgruppe-patmos.de/nachhaltig-gut-leben
Übereinstimmend mit der EU-Verordnung zur allgemeinen Produktsicherheit (GPSR) stellen wir sicher, dass unsere Produkte die Sicherheitsstandards erfüllen.
Näheres dazu auf unserer Website www.verlagsgruppe-patmos.de/produktsicherheit.
Bei Fragen zur Produktsicherheit wenden Sie sich bitte an produktsicherheit@verlagsgruppe-patmos.de

6. Auflage 2025

Verlagsgruppe Patmos in der Schwabenverlag AG, Senefelderstr. 12, 73760 Ostfildern
www.patmos.de

Umschlaggestaltung: Finken und Bumiller, Stuttgart
Satz: Schwabenverlag AG, Ostfildern
Druck: Finidr s.r.o., Český Těšín
Hergestellt in Tschechien
ISBN 978-3-8436-0176-4